Cómo Hacer un Inventario Honesto y Espiritual

Guía 2 del Participante

John Baker es el fundador de Celebremos la Recuperación, un ministerio nacido en el corazón de la Iglesia de Saddleback. En los veinte años anteriores, más de 11.500 individuos han pasado por este programa de recuperación Cristo-céntrico en Saddleback. El programa Celebremos la Recuperación está siendo usado ahora en más de 20.000 iglesias a lo largo de la nación. En 1993, John y el pastor Rick Warren escribieron el currículo de Celebremos la Recuperación, el que ha sido publicado y traducido a 23 idiomas.

John comenzó sirviendo en la Iglesia de Saddleback como pastor novato en 1991. En 1992, le solicitaron unirse al equipo de la iglesia como director de grupos pequeños y Celebremos la Recuperación. En 1995, sus responsabilidades incrementaron mientras se convertía en pastor de membresía. En esta posición, las responsabilidades de John incluían consejería pastoral, cuidado pastoral, Celebremos la Recuperación, grupos de apoyo, pequeños grupos y familia, solteros y ministerios de recreación. En 1996, él supervisó el desarrollo del nuevo ministerio de consejería en Saddleback.

En junio de 1997, John se convirtió en el pastor de ministerios, responsable del reclutamiento, entrenamiento y desarrollo de los miembros de la iglesia que servirían en uno de los más de 156 diferentes ministerios de Saddleback.

En 2001, Rick Warren le pidió a John que se convirtiera en el pastor de Celebremos la Recuperación. Este ministerio es a la medida de John, su pasión y su llamado. Adicionalmente, él es parte del equipo Con Propósito. John es un orador conocido a nivel nacional y entrenador para ayudar iglesias a iniciar el ministerio de Celebremos la Recuperación. Estos ministerios, en miles de iglesias, alcanzan no solo a sus congregaciones sino también a sus comunidades ayudando a aquellos que están lidiando con heridas, hábitos y frustraciones.

John y su esposa, Cheryl, han estado casados por más de cuarenta años y han servido juntos en Celebremos la Recuperación desde 1991. Tienen dos hijos adultos, Laura y Johnny. Laura y su esposo, Brian, tienen gemelos. Johnny y su esposa, Jeni, tienen tres hijos.

UN RECURSO DE RECUPERACIÓN,
DE UNA VIDA CON PROPÓSITO®

John Baker

PRÓLOGO POR RICK WARREN

Cómo Hacer un Inventario Honesto y Espiritual

Guía 2 del Participante

Un programa de recuperación basado en ocho principios de las Bienaventuranzas

Celebremos la Recuperación®

La misión de Editorial Vida es ser la compañía líder en satisfacer las necesidades de las personas, con recursos cuyo contenido glorifique al Señor Jesucristo y promueva principios bíblicos.

GUIA 2 DEL PARTICIPANTE. CÓMO HACER UN INVENTARIO HONESTO Y ESPIRITUAL
Edición en español publicada por
Editorial Vida – 2003, 2014
Miami, Florida

© 2003, 2014 por Editorial Vida

Este título también está disponible en formato electrónico.

Originally published in the USA under the title:
   Taking an Honest and Spiritual Inventory.
   Copyright © 1998, 2012 by John Baker
   Published by permission of Zondervan, Grand Rapids, Michigan 49530.
   All rights reserved.

Reservados todos los derechos. A menos que se indique lo contrario, el texto bíblico se tomó de la Santa Biblia, Nueva Versión Internacional® NVI® © 1999 por Bíblica, Inc.® Usada con permiso.

Citas bíblicas marcadas «DHH» son de la Biblia Dios Habla Hoy, 3era. Edición®, © 1996 por ©1999 por la Sociedad Bíblica Internacional. Usadas con permiso.

Citas bíblicas marcadas «LBAD» se tomaron de La Biblia Al Día. ©1979 © 2006 por la Sociedad Bíblica Internacional, Inc.™ Usadas con permiso. Todos los derechos reservados mundialmente.

Citas bíblicas marcadas «LBLA» son de La Biblia de las Américas®, © 1986, 1995, 1997 por The Lockman Foundation. Usadas con permiso.

Citas bíblicas marcadas «NTV» son de La Nueva Traducción Viviente © 2010 por Tyndale House Foundation. Usadas con permiso.

Citas bíblicas marcadas «TLA» son de La Traducción en Lenguaje Actual © 2000 por Sociedades Bíblicas Unidas. Usadas con permiso.

Esta publicación no podrá ser reproducida, grabada o transmitida de manera completa o parcial, en ningún formato o a través de ninguna forma electrónica, fotocopia u otro medio, excepto como citas breves, sin el consentimiento previo de la editorial.

Editora en Jefe: *Graciela Lelli*
Diseño interior: *Mauricio Díaz*

ISBN: 978-0-8297-6667-7

CATEGORÍA: Ministerio cristiano / Consejería y recuperación

IMPRESO EN ESTADOS UNIDOS DE AMÉRICA
PRINTED IN UNITED STATES OF AMERICA

Contenido

Prólogo por Rick Warren / 7

Introducción / 9

El camino a la recuperación:
Ocho principios basados en las Bienaventuranzas / 11

Doce pasos y sus comparaciones bíblicas / 13

Oración de la serenidad / 16

Reglas para los grupos pequeños de Celebremos la Recuperación / 17

Lección 7: Mentor / 19

Lección 8: Moral / 25

Lección 9: Inventario / 32

Lección 10: Inventario espiritual parte 1 / 39

Lección 11: Inventario espiritual parte 2 / 48

Epílogo / 55

Prólogo por Rick Warren

Sin duda ha escuchado la expresión "el tiempo sana todas las heridas". Desdichadamente, no es verdad. Como pastor, frecuentemente hablo con gente que todavía está llevando consigo heridas desde hace 30 o 40 años. La verdad es, que el tiempo muy a menudo hace que las cosas empeoren. Las heridas que se dejan sin ser atendidas supuran y esparcen la infección alrededor de todo el cuerpo. El tiempo solo extiende el dolor si el problema no es tratado.

Celebremos la Recuperación es un programa bíblico y balanceado para ayudar a la gente a vencer sus heridas, hábitos y frustraciones. Basado en las palabras reales de Jesús, más que en teoría sicológica, este programa de recuperación es más efectivo en ayudar a la gente a cambiar que cualquier otro que haya oído o visto. Por muchos años he sido testigo de cómo el Espíritu Santo ha usado este programa para transformar literalmente miles de vidas en la Iglesia de Saddleback y así mismo ha ayudado a mucha gente a crecer hacia una completa madurez cristiana.

Tal vez esté familiarizado con el clásico programa 12 Pasos de Alcohólicos Anónimos y de otros grupos. Aunque indudablemente muchas vidas han sido ayudadas a través de los 12 Pasos, siempre me he sentido incómodo con la ambigüedad del programa acerca de la naturaleza de Dios, el poder salvador de Jesucristo y el ministerio del Espíritu Santo. Así que inicie un estudio intenso de las Escrituras para descubrir lo que Dios tenía que decir acerca de la "recuperación". Para mi asombro, encontré los principios de recuperación en su orden lógico dados por Cristo en su más famoso mensaje, el Sermón del Monte.

Mi estudio resultó en una serie de mensajes de diez semanas llamada "El Camino a la Recuperación". Durante esa serie mi pastor asociado John Baker desarrolló cuatro guías de los participantes, las cuales llegaron a ser el corazón de nuestro programa de Celebremos la Recuperación.

Al trabajar en las guías del participante, confío que llegará a darse cuenta de los muchos beneficios de este programa. Pero más que todo, mi oración por usted es que, por medio de Celebremos la Recuperación profundice en la paz y eterna libertad en Jesucristo al recorrer su propio camino a la Recuperación.

Dr. Rick Warren, pastor general,
Iglesia de Saddleback

Introducción

El propósito de este programa es permitirnos ser libres de las heridas, complejos y hábitos de nuestra vida. Al trabajar a través de los ocho principios de recuperación encontrados en las Bienaventuranzas con Jesucristo como su Poder Superior, ¡usted puede y va a cambiar! Comenzará a experimentar la verdadera paz y serenidad que ha estado buscando, y ya no tendrá más que apoyarse en sus comportamientos disfuncionales, compulsivos y adictivos como una "dosis" temporal para su dolor.

Al aplicar los principios bíblicos de convicción, conversión, entrega, confesión, restitución, oración, momentos de quietud, testificar y ayudarse los unos a los otros, que se encuentran consecutivamente en los ocho principios y en los doce pasos Cristo-céntricos, usted será restaurado y desarrollará una fuerte relación con Dios y con los demás.

Ha completado los primeros tres principios de la mejor manera que ha podido hacerlo: Se ha puesto "a cuenta con Dios". Ahora, mientras se prepara para trabajar el Principio 4, usted comenzará el caminar de "ponerse a cuenta con usted mismo" (Principios del 4 al 5).

Después de cada lección hay un ejercicio para completar. Conteste cada pregunta lo mejor que pueda. No se preocupe por lo que piense que *debería* responder. Ore y luego escríba de lo profundo de su corazón. Recuerde Juan 8:32: "Y conocerán la verdad y la verdad los hará libres."

Una palabra importante de precaución: ¡No comience este principio sin un mentor o un fuerte amigo de rendición de cuentas (esto es explicado en la lección 7)! Necesita alguien en quien confíe para ayudarle a mantenerse balanceado durante este paso, no a hacer el trabajo por usted. Nadie puede hacer esto excepto usted. Pero necesita ánimo de alguien quien apoyará su progreso y lo hará responsable por ello. Eso es de lo que se trata este programa.

Luego que haya completado el ejercicio, compártalo con alguien en quien confíe. Su grupo, un compañero de rendición de cuentas, su mentor o un amigo que esté en el programa, son todas las opciones. Usted no se recupera de sus heridas, complejos y hábitos solamente al asistir a las reuniones de recuperación. ¡Debe trabajar y vivir los principios!

En Sus pasos,
John Baker

El camino a la recuperación

Ocho principios basados en las Bienaventuranzas

Por el pastor Rick Warren

1. **R**econozco que no soy Dios. Admito que no tengo poder para controlar mi tendencia a hacer lo malo y que mi vida es inmanejable.

   "Dichosos los pobres en espíritu, porque el reino de los cielos les pertenece." (Mateo 5:3)

2. **E**n una forma sincera creo que Dios existe, que le intereso y que Él tiene el poder para ayudarme en mi recuperación.

   "Dichosos los que lloran, porque serán consolados." (Mateo 5:4)

3. **C**onscientemente decido comprometer toda mi vida y voluntad al cuidado y control de Cristo.

   "Dichosos los humildes, porque recibirán la tierra como herencia." (Mateo 5:5)

4. **U**na apertura para un autoexamen y confesión de mis faltas a Dios y a alguien en quien confío.

   "Dichosos los de corazón limpio, porque ellos verán a Dios." (Mateo 5:8)

5. **P**ara que Dios pueda hacer los cambios en mi vida, me someto voluntariamente a Él y con humildad le pido que remueva mis defectos de carácter.

> *"Dichosos los que tienen hambre y sed de justicia, porque serán saciados." (Mateo 5:6)*

6. **E**valúo todas mis relaciones. Ofrezco perdón a aquellos que me han hecho daño y enmiendo los daños que he ocasionado a otros, excepto si cuando al hacerlo les dañara a ellos o a otros.

> *"Dichosos los compasivos, porque serán tratados con compasión." (Mateo 5:7)*

> *"Dichosos los que trabajan por la paz, porque serán llamados hijos de Dios." (Mateo 5:9)*

7. **R**eservo un tiempo diario con Dios para una autoevaluación, lectura de la Biblia y oración con el fin de conocer a Dios y Su voluntad para mi vida y obtener el poder para seguirla.

8. **Al** rendir mi vida a Dios para ser usada puedo llevar estas Buenas Nuevas a otros, tanto con mi ejemplo como con mis palabras.

> *"Dichosos los perseguidos por causa de la justicia, porque el reino de los cielos les pertenece." (Mateo 5:10)*

Doce pasos y sus comparaciones bíblicas

1. Admitimos que no teníamos poder sobre nuestras adicciones y comportamientos compulsivos y que nuestras vidas habían llegado a ser inmanejables.

    "Yo sé que en mí, es decir, en mi naturaleza pecaminosa, nada bueno habita. Aunque deseo hacer lo bueno, no soy capaz de hacerlo." (Romanos 7:18)

2. Llegamos a creer que un poder más grande que nosotros puede restaurarnos a la cordura.

    "Pues es Dios quien produce en ustedes tanto el querer como el hacer para que se cumpla su buena voluntad." (Filipenses 2:13)

3. Tomamos la decisión de entregar nuestras vidas y nuestra voluntad al cuidado de Dios.

    "Por lo tanto, hermanos, tomando en cuenta la misericordia de Dios, les ruego que cada uno de ustedes, en adoración espiritual, ofrezca su cuerpo como sacrificio vivo, santo y agradable a Dios." (Romanos 12:1)

4. Hacemos un minucioso y audaz inventario moral de nosotros mismos.

    "Hagamos un examen de conciencia y volvamos al camino del Señor." (Lamentaciones 3:40)

5. Admitimos ante Dios, a nosotros mismos y ante otro ser humano, la naturaleza exacta de nuestros pecados.

> *"Por eso, confiésense unos a otros sus pecados, y oren unos por otros para que sean sanados." (Santiago 5:16)*

6. Estamos completamente listos para que Dios remueva todos nuestros defectos de carácter.

> *"Humíllense delante del Señor, y él los exaltará." (Santiago 4:10)*

7. Humildemente le pedimos a Dios que remueva todas nuestras deficiencias.

> *"Si confesamos nuestros pecados, Dios, que es fiel y justo, nos los perdonará y nos limpiará de toda maldad." (1 Juan 1:9)*

8. Hacemos una lista de todas las personas a quienes hemos lastimado y llegamos a estar dispuestos a enmendar todo lo que les hicimos.

> *"Traten a los demás tal y como quieren que ellos los traten a ustedes." (Lucas 6:31)*

9. Hacemos enmiendas directas a esas personas siempre que sea posible, excepto si cuando al hacerlo pueda lastimarlas o lastimar a otras.

> *"Por lo tanto si estás presentando tu ofrenda en el altar y allí recuerdas que tu hermano tiene algo contra ti, deja tu ofrenda allí delante del altar. Ve primero y reconcíliate con tu hermano; luego vuelve y presenta tu ofrenda." (Mateo 5:23–24)*

10. Continuamos haciendo el inventario personal y cuando nos equivocamos lo admitimos inmediatamente..

> *"Por lo tanto, si alguien piensa que está firme, tenga cuidado de no caer." (1 Corintios 10:12)*

11. Buscamos a través de la oración y la meditación mejorar nuestra relación con Dios, orando solo para conocer Su voluntad para nosotros y poder para llevarla a cabo.

   "Que habite en ustedes la palabra de Cristo con toda su riqueza."
   (Colosenses 3:16)

12. Después de haber tenido una experiencia personal como resultado de estos pasos, intentamos llevar este mensaje a otros y practicar estos principios en todas nuestras áreas.

   "Hermanos, si alguien es sorprendido en pecado, ustedes que son espirituales deben restaurarlo con una actitud humilde. Pero cuídese cada uno, porque también puede ser tentado."
   (Gálatas 6:1)

*A través de este material, notará muchas referencias a los doce pasos Cristo-céntricos. Nuestra oración es que Celebremos la Recuperación cree un puente para los millones de personas familiarizadas con los doce pasos seculares (reconozco el uso de algunos materiales de los doce pasos sugeridos de Alcohólicos Anónimos) y al hacer esto, presentarles al único y verdadero Poder Superior, Jesucristo. Una vez que hayan comenzado esa relación, invitando a Cristo en sus corazones como Señor y Salvador, ¡la verdadera sanidad y recuperación comienzan!

Oración de la Serenidad

Si usted ha asistido a programas seculares de recuperación, ha visto las primeras cuatro frases de la "Oración de la Serenidad". La siguiente es la oración completa. ¡Le animo a hacerla diariamente al trabajar los principios!

Oración de la Serenidad
Dios, concédeme la serenidad
para aceptar las cosas que no puedo cambiar,
el valor para cambiar las cosas que sí puedo cambiar,
y la sabiduría para conocer la diferencia.
viviendo un día a la vez;
disfrutando un momento a la vez;
aceptando la dificultad como el camino hacia la paz;
tomando, como Jesús lo hizo,
este mundo pecador tal cual es,
no como sería;
confiando que tú harás que todo salga bien
si me entrego a tu voluntad;
para que sea razonablemente feliz en esta vida
y sumamente feliz contigo por siempre en la eternidad.
Amén.

Reinhold Niebuhr

Reglas para los grupos pequeños de Celebremos la Recuperación

Las siguientes cinco reglas asegurarán que su grupo pequeño esté en un lugar seguro. Tienen que ser leídas al inicio de cada reunión.

1. Mantenga su testimonio enfocado en sus propios pensamientos y sentimientos. Limite su tiempo para compartir sus experiencias de tres a cinco minutos.
2. NO hay conversación cruzada. Conversación cruzada es cuando dos personas se involucran en una conversación excluyendo a los demás. Cada persona es libre de expresar sus sentimientos sin interrupciones.
3. Estamos aquí para apoyarnos los unos a los otros, no para "arreglar" a los demás.
4. El anonimato y la confidencialidad son requisitos básicos. Lo que se comparte en el grupo, se queda en el grupo. La única excepción es cuando alguien amenace con hacerse daño a sí mismo o a otros.
5. El lenguaje ofensivo no tiene lugar en un grupo de recuperación Cristo-céntrico.

Lección 7

Mentor

Principio 4: Una apertura para un autoexamen y confesión de mis faltas a Dios y a alguien en quien confío.

"Dichosos los de corazón limpio, porque ellos verán a Dios."
(Mateo 5:8)

Paso 4: Hacemos un minucioso y audaz inventario moral de nosotros mismos.

"Hagamos un examen de conciencia y volvamos al camino del Señor." (Lamentaciones 3:40)

Piense acerca de esto
Usted ha escuchado la palabra mentor desde hace unas semanas. Estoy seguro que tiene una idea vaga de lo que es un mentor, pero tal vez se esté preguntando por qué necesita uno.

¿Por qué necesito un mentor y/o un compañero de rendición de cuentas?

Hay tres razones del por qué es vital tener un mentor.

Tener un mentor o compañero de rendición de cuentas es bíblico.

"Más valen dos que uno solo, pues tienen mejor remuneración de su trabajo. Porque si uno de ellos cae, el otro levantará a su compañero; pero ¡ay del que cae cuando no hay otro que lo levante!... Y si alguien puede prevalecer contra el que está solo, dos lo resistirán." (Eclesiastés 4:9–12 LBLA*)*

"Como el hierro se afila con hierro, así un amigo se afila con su amigo." (Proverbios 27:17 NTV*)*

Tener un mentor o compañero de rendición de cuentas es una parte clave de su programa de recuperación.

Su programa de recuperación tiene cuatro elementos claves para tener éxito:

- Con lo mejor que pueda, mantenga una vista **honesta** de la realidad al trabajar en cada principio. La mejor manera para asegurar esto es tener un mentor y desarrollar un equipo de apoyo fuerte de rendición de cuentas.
- Haga de sus **reuniones** de grupo de recuperación una prioridad en su horario. Saber que un mentor o compañero de rendición de cuentas estará allí para saludarle o para darse cuenta que usted no está allí es un incentivo para que asista.
- Mantener su **programa espiritual** con Jesucristo, a través de la oración, la meditación y estudio de Su Palabra.
- Involúcrese en el **servicio**, lo cual incluye servir como un mentor (después que haya completado los ocho principios) o como compañero de rendición de cuentas.

Tener un mentor y/o un compañero de rendición de cuentas es la mejor protección contra una recaída.

Al proveer retroalimentación para mantenerle en el camino, ellos pueden ver sus antiguas heridas, complejos y hábitos disfuncionales que vuelven a aparecer y señalárselos a usted rápidamente. Pueden confrontarle con la verdad, en amor y sin hacerle sentir culpable o avergonzado.

¿Cuáles son las cualidades de un mentor?

> *"Por oculto que esté el buen consejo en el corazón del consejero, el sabio lo obtendrá." (Proverbios 20:5 LBAD)*

Cuando elija un mentor, hágase las siguientes preguntas:

1. ¿Está de acuerdo su actitud con lo que habla? ¿Está viviendo los ocho principios?
2. ¿Tiene una buena relación con Jesucristo?
3. ¿Expresa el deseo de ayudar a otros en el "camino a la recuperación"?
4. ¿Muestra compasión, cuidado, esperanza y no lástima?
5. ¿Es un buen oyente?
6. ¿Es lo suficientemente fuerte para confrontarle con su negación o retraso?
7. ¿Ofrece sugerencias?
8. ¿Puede compartir sus propias luchas actuales con otros?

¿Cuál es el trabajo de un mentor?

1. Puede estar allí para hablar aspectos en detalle que son muy personales o tomarían mucho tiempo en una reunión.
2. Está disponible en tiempos de crisis o de una posible recaída.
3. Sirve como una caja de resonancia al proveer puntos de vista objetivos.

4. Está allí para animarle a trabajar los principios a su propia velocidad. ¡No para trabajar los principios por usted!
5. Y lo más importante, intenta modelar su estilo de vida como resultado de trabajar los 8 Principios.
6. Un mentor puede renunciar o usted lo puede despedir.

¿**Cómo encuentro un mentor y/o un compañero de rendición de cuentas?**

Primero, su mentor o compañero de rendición de cuentas DEBE ser del mismo sexo. Luego que haya cumplido con este requisito, escuche a la persona al compartir. ¿Se relaciona usted con lo que se dice o lo rechaza? Pida a otros en su grupo que lo acompañen a tomar café después de la reunión. ¡Conozca a la persona antes de pedirle que sea su mentor!

Si le pide a alguien que le ayude como mentor y él o ella dicen que no, no lo tome como un rechazo personal. Pídaselo a alguien más. Puede incluso pedirle a alguien que sea su mentor "temporal".

¿**Cuál es la diferencia entre un mentor y un compañero de rendición de cuentas?**

Un mentor es alguien que ha completado las cuatro guías del participante. Él o ella ha trabajado a través de los ocho principios y los doce pasos. El objetivo principal de esta relación es elegir a alguien a guiarle a través del programa.

Un compañero de rendición de cuentas es alguien a quien usted le pide que le ayude a ser responsable de ciertas áreas o aspectos de su recuperación tales como asistencia a las reuniones, escribir en el diario, etcétera. Esta persona puede estar al mismo nivel de recuperación que usted, a diferencia de un mentor, quien debe haber completado los ocho principios o los 12 pasos. El objetivo principal de esta relación es animarse unos a otros. Usted aún puede formar un grupo de rendición de cuentas de tres o cuatro personas. El compañero o grupo de rendición de cuentas actúa como el "equipo", mientras que el mentor actúa como el "entrenador".

Escriba acerca de esto

1. ¿Por qué es tan importante para usted tener un equipo de apoyo?

2. ¿Qué cualidades busca en un mentor?

3. ¿Ha intentado encontrar un mentor o compañero de rendición de cuentas?

4. ¿Cuáles son algunos lugares nuevos y maneras en las que puede intentar encontrar un mentor o un compañero de rendición de cuentas?

5. ¿Cuál es la diferencia entre un mentor y un compañero de rendición de cuentas?

6. Haga una lista de los nombres y números de teléfonos de posibles mentores o compañeros de rendición de cuentas. Ellos deben ser personas que usted ha conocido en su "Camino a la Recuperación" quienes le han impactado en su momento de compartir sus experiencias, fortalezas y esperanzas.

Lección 8

Moral

Principio 4: Una apertura para un autoexamen y confesión de mis faltas a Dios y alguien en quien confío.

"Dichosos los de corazón limpio, porque ellos verán a Dios." (Mateo 5:8)

Paso 4: Hacemos un minucioso y audaz inventario moral de nosotros mismos.

"Hagamos un examen de conciencia y volvamos al camino del Señor." (Lamentaciones 3:40)

Una palabra importante de precaución: ¡No comience este principio sin un mentor o un fuerte amigo de rendición de cuentas (esto es explicado en la lección 7)! Necesita alguien en quien confíe para ayudarle a mantenerse balanceado durante este paso, no a hacer el trabajo por usted. Nadie puede hacer esto excepto usted. Pero necesita ánimo de alguien quien apoyará su progreso y lo hará responsable por ello. De eso es de lo que se trata este programa.

Piense acerca de esto

En este principio necesita enumerar (inventariar) todos los eventos significativos –buenos o malos– en su vida. Necesita ser tan honesto como pueda para permitirle a Dios mostrarle su parte en este aspecto y cómo le afectó tanto a usted como a otros. El acróstico de MORAL nos muestra cómo comenzar.

Meditar

Aparte un tiempo especial para comenzar su inventario. Programe una cita con usted mismo. ¡Designe un día o un fin de semana para estar a solas con Dios! Aclare su mente del ajetreo de la vida diaria.

"Escúchame. ¡Mantén silencio, y yo te enseñaré sabiduría!"
(Job 33:33 LBAD)

Osadamente abrirse

Abra su corazón y su mente para confesar los sentimientos de dolor del pasado que le han bloqueado o causado su negación. ¡Intente "despertar" sus sentimientos! ¡Es oportuno! Pregúntese, ¿De qué me siento culpable? ¿De qué estoy resentido? ¿A qué le temo? ¿Estoy atrapado(a) en autocompasión, excusas, pensamientos deshonestos?

"Debo expresar mi angustia. Mi alma llena de amargura debe quejarse." (Job 7:11 NTV)

Reposar en Dios

Confiar en Jesús, su Poder Superior, para darle el valor y la fuerza que este ejercicio requiere.

"¡Amen al Señor, ustedes los que constituyen su pueblo! El Señor protege a quienes le son leales... Alégrense pues, anímense, si confían en el Señor." (Salmos 31:23–24 LBAD)

Analizar

Analice su pasado honestamente. ¡Para hacer un inventario moral "minucioso y audaz", debe salir de su negación!

Eso es todo lo que la palabra moral significa – honesto. ¡Este paso requiere ver a través de su negación del pasado hacia la verdad!

"Dios nos ha dado la conciencia para que podamos examinarnos a nosotros mismos." (Proverbios 20:27 TLA)

Liste los acontecimientos

Enumere tanto lo bueno como lo malo. ¡Mantenga su inventario en balance! Si mira solamente las cosas malas de su pasado, distorsionará su inventario y se expondrá a un dolor innecesario.

"Hagamos un examen de conciencia y volvamos al camino del Señor." (Lamentaciones 3:40)

El versículo no dice, "examine sólo sus caminos malos y negativos." ¡Necesita honestamente enfocarse en los pros *y* los contras de su pasado!

Al recopilar su inventario, encontrará que se ha causado daño a usted mismo y a otras personas. ¡Ningún inventario (vida) es perfecto! Todos nos hemos "equivocado" en algún área de nuestra vida. En recuperación no vivimos en el pasado, pero necesitamos entenderlo para poder comenzar a permitirle a Dios que nos cambie. "Jesús dijo: *"Mi propósito es darles una vida plena y abundante."* (Juan 10:10 NTV)

Oración del Principio 4

Querido Dios, tú conoces nuestro pasado, todas las cosas buenas y malas que hemos hecho. En este paso, te pido que me des la fortaleza y el ánimo de hacer una lista para que pueda "volverme transparente" y afrontarlo como la verdad. Por favor ayúdame a alcanzar a otros que has puesto a lo largo de mi "camino a la recuperación." Gracias por proveerlos para ayudarme a seguir equilibrado al hacer mi inventario. En el nombre de Cristo oro. Amén.

Escriba acerca de esto

1. ¿A qué lugar irá para tener un tiempo en silencio y así comenzar su inventario?

2. ¿Qué día ha asignado para comenzar? ¿A qué hora?

3. ¿Cuáles son sus temores al comenzar su inventario? ¿Por qué?

4. ¿Qué puede hacer para "despertar" sus sentimientos?

5. Describa su experiencia de entregar su vida a Cristo.

6. ¿De qué manera piensa entregar su voluntad al cuidado de Dios diariamente?

7. Haga una lista de las cosas que ha utilizado para bloquear el dolor de su pasado.

8. ¿Qué ha hecho para salir de su negación?

9. ¿Cómo puede seguir encontrando nuevas maneras de salir de su negación del pasado?

10. ¿Por qué es importante hacer un inventario escrito?

11. ¿Cuáles son algunas de las cosas buenas que ha hecho en el pasado?

12. ¿Cuáles son algunas cosas negativas que ha hecho en el pasado?

13. ¿Tiene un mentor o compañero de rendición de cuentas para ayudarle a que su inventario siga balanceado?

Lección 9

Inventario

Principio 4: Una apertura para un autoexamen y confesión de mis faltas a Dios y a alguien en quien confío.

"Dichosos los de corazón limpio, porque ellos verán a Dios."
(Mateo 5:8)

Paso 4: Hacemos un minucioso y audaz inventario moral de nosotros mismos.

"Hagamos un examen de conciencia y volvamos al camino del Señor." (Lamentaciones 3:40)

Piense acerca de esto
Ahora que tiene la información necesaria y ha construido un equipo de rendición de cuentas, es tiempo para comenzar a escribir su inventario. Esta lección le proveerá con las herramientas que necesita.

¿Cómo empiezo mi inventario?

El Inventario de Celebremos la Recuperación está dividido en cinco secciones. Esto le ayudará a mantenerse enfocado en la realidad y a recordar eventos que ha reprimido. Recuerde, usted no lo hará solo. ¡Está desarrollando un equipo de apoyo para guiarle, pero algo aún más importante, ¡está creciendo en su relación con Jesucristo!

Le tomará más de una página escribir su inventario. Tiene permiso para copiar la "Hoja de trabajo de inventario Celebremos la Recuperación" de las páginas 37 y 38.

Columna 1: "La Persona"

En esta columna usted hará una lista de la persona u objeto con quien esté resentido o a lo que teme. Vaya tan atrás como pueda en su pasado. El resentimiento es casi siempre ira y temor que no han sido expresados.

> *"Abandonen toda amargura, ira y enojo, gritos y calumnias, y toda forma de malicia." (Efesios 4:31)*

Columna 2: "La Causa"

Se ha dicho que "gente herida, hiere gente". En esta columna usted hará una lista de las acciones específicas que alguien le haya hecho para dañarle. ¿Qué le hizo dicha persona para causarle resentimiento y/o temor? Un ejemplo sería el padre alcohólico que no estaba emocionalmente disponible para usted mientras crecía. Otro ejemplo sería el padre que intentó controlar y dominar su vida. Esta vista reflexiva puede ser muy dolorosa. Pero…

> *"No temas, porque yo estoy contigo; no te angusties, porque yo soy tu Dios. Te fortaleceré y te ayudaré; te sostendré con mi diestra victoriosa." (Isaías 41:10)*

Columna 3: "El Efecto"

En esta columna escriba cómo estas acciones dolorosas específicas le afectaron en su vida. Haga una lista de los efectos que tuvieron en usted en su pasado y en el presente.

Columna 4: "El Daño"

¿Cuáles instintos básicos fueron dañados?
Social – relaciones rotas, calumnias
Seguridad – seguridad física, pérdida financiera
Sexual – relaciones de abuso, intimidad dañada
No importa cómo haya sido herido, no importa cuánta pérdida haya sufrido, Dios desea consolarle y restaurarle.

"Buscaré a las ovejas perdidas, recogeré a las extraviadas, vendaré a las que estén heridas y fortaleceré a las débiles." (Ezequiel 34:16)

Columna 5: "Mi Parte"

Usted necesita preguntarse: "¿Qué parte de mi resentimiento contra otra persona es mi culpa?" Pida a Dios que le muestre lo que le corresponde a usted en un matrimonio, una relación rota o dañada, un hijo o padres distantes, o quizás un trabajo perdido. Además, haga una lista de todas las personas a quienes ha dañado y cómo las ha dañado.

"Examíname, oh Dios, y sondea mi corazón; ponme a prueba y sondea mis pensamientos. Fíjate si voy por mal camino, y guíame por el camino eterno." (Salmos 139:23–24)

Por favor, tome nota: Si ha estado en una relación de abuso, especialmente cuando niño, puede encontrar gran libertad en esta parte del inventario. Puede ver que **NO** le corresponde, **NO** es su responsabilidad la causa del resentimiento. Al simplemente escribir las palabras "ninguno" o "no culpable" en la Columna 5, usted puede comenzar a ser libre de la vergüenza mal infundada y la culpa que ha llevado consigo.

Celebremos la Recuperación ha vuelto a escribir el Paso 4 para aquellos que han sido abusados sexual o físicamente:

Más Herramientas

1. Memorice Isaías 1:18 (LBAD): "¡Vengan y aclaremos las cosas!, dice el Señor; por profunda que sea la mancha de sus pecados, yo puedo quitarla y dejarlos tan limpios como nieve recién caída. ¡Aunque sus manchas sean rojas como el carmesí, yo puedo volverlas blancas como la lana!"
2. Lea los versículos del principio 4 "Balanceando la Escala" en la siguiente página.
3. Mantenga su inventario en balance. ¡Haga una lista de las cosas buenas y las malas! ¡Esto es muy importante! Mientras Dios le revela las buenas cosas que usted ha hecho en el pasado, o está haciendo en el presente, enumérelas en la parte de atrás de sus copias de trabajo del Inventario del Principio 4 de Celebremos la Recuperación.
4. Siga desarrollando su equipo de apoyo.
5. Ore continuamente.

Versículos del Principio 4

Balanceando la Escala

Emoción	Escritura Positiva
Incapacidad	*"Pues Dios es quien produce en ustedes tanto el querer como el hacer para que se cumpla su buena voluntad."* (Filipenses 2:13)
Viviendo en el Pasado	*"Al volverse cristiano, uno se convierte en una persona totalmente diferente. Deja de ser el de antes. ¡Surge una nueva vida!"* (2 Corintios 5:17 LBAD)
Necesidad	*"Y Dios, de sus riquezas en gloria, les suplirá cualquier cosa que les falte en virtud de lo que Jesucristo hizo por nosotros."* (Filipenses 4:19 LBAD)
Soledad	*"Jesús dice, 'Estaré con ustedes siempre.'"* (Mateo 28:20 LBAD)
Opresión, Dificultad	*"Todos los oprimidos pueden acudir a Él. Él es refugio para ellos en tiempo de tribulación."* (Salmos 9:9 LBAD)
Temor, Duda	*"Sí, esfuérzate y sé valiente, no temas ni desmayes, porque Jehová tu Dios estará contigo en dondequiera que vayas."* (Josué 1:9 LBAD)
Melancolía, Apatía	*"Este es el día que el Señor hizo. En él nos regocijaremos y nos alegraremos."* (Salmos 118:24 LBAD)
Preocupación	*"Encomiéndenle sus ansiedades, porque Él siempre cuida de ustedes."* (1 Pedro 5:7 LBAD)

Inventario de celebremos la recuperación

1. La Persona	2. La Causa	3. El Efecto
¿Quién es el objeto de mi resentimiento o temor?	¿Qué hizo específicamente esa persona que me dañó?	¿Qué efectos tuvo esa actitud en mi vida?

"Hagamos un examen de conciencia y volvamos al camino del Señor." (Lamentaciones 3:40)

4. El Daño	5. Mi Parte
¿Qué daño hizo esa actitud a mis instintos básicos, sociales y/o sexuales?	¿De qué parte del resentimiento soy responsable?
	¿Quiénes son las personas que he dañado?
	¿Cómo las he dañado?

Lección 10

Inventario Espiritual Parte I

Principio 4: Una apertura para un autoexamen y confesión de mis faltas a Dios y a alguien en quien confío.

"Dichosos los de corazón limpio, porque ellos verán a Dios." (Mateo 5:8)

Paso 4: Hacemos un minucioso y audaz inventario moral de nosotros mismos.

"Hagamos un examen de conciencia y volvamos al camino del Señor." (Lamentaciones 3:40)

Piense acerca de esto

"Examíname, oh Dios, y sondea mi corazón; ponme a prueba y sondea mis pensamientos. Fíjate si voy por mal camino, y guíame por el camino eterno." (Salmos 139:23–24)

La siguiente lista muestra algunos defectos (pecados) que pueden evitar que Dios obre efectivamente en nuestras vidas. ¡Leerla y escudriñar su corazón le ayudarán a comenzar su inventario!

Relacionarse con otros

"Perdona nuestros pecados, así como hemos perdonado a los que pecan contra nosotros. No permitas que cedamos ante la tentación, sino rescátanos del maligno." (Mateo 6:12–13 NTV)

- ¿Quién le ha hecho daño?
- ¿Contra quién ha estado sintiendo rencor?
- ¿Contra quién está buscando venganza?
- ¿Está celoso de alguien?

(Nota: Las personas que mencione en estas áreas van a ir en la columna 1 en la hoja de su inventario.)

- ¿A quién le ha hecho daño?
- ¿A quién ha criticado o de quién ha chismeado?
- ¿Ha justificado su mala actitud al decir que es culpa de "otros"?

(Nota: Las personas que mencione en estas áreas van a ir en la columna 5 en la hoja de su inventario.)

Prioridades en la vida

"Y te lo proporcionará si le das el primer lugar en tu vida." (Mateo 6:33 LBAD)

- Luego de aceptar a Jesucristo, ¿en cuáles áreas de su vida todavía no está poniendo a Dios primero?
- ¿Qué parte de su pasado le está interfiriendo con hacer la voluntad de Dios? ¿Sus ambiciones? ¿Placeres? ¿Trabajo? ¿Dinero? ¿Amistades? ¿Metas personales?

Actitud

"Abandonen toda amargura, ira y enojo, gritos y calumnias, y toda forma de malicia." (Efesios 4:31)

- ¿Se ha quejado siempre de sus circunstancias?
- ¿De cuáles áreas de su vida no está agradecido?
- ¿Se ha molestado o explotado con alguien fácilmente?
- ¿Ha sido sarcástico?
- ¿Qué parte de su pasado le está causando temor o ansiedad?

Integridad

"No se mientan los unos a los otros, puesto que ya se han despojado de lo que antes eran y de las cosas que antes hacían." (Colosenses 3:9 DHH)

- ¿En qué negocios fue deshonesto?
- ¿Ha robado cosas?
- ¿Ha exagerado para verse mejor?
- ¿En qué áreas de su pasado ha utilizado falsa humildad?
- ¿Ha pretendido vivir de una forma frente a sus amigos cristianos y de otra en su casa o en el trabajo?

¿Ya ha memorizado Isaías 1:18 (LBAD)?

"¡Vengan y aclaremos las cosas!, dice el Señor; por profunda que sea la mancha de sus pecados, yo puedo quitarla y dejarlos tan limpios como nieve recién caída. ¡Aunque sus manchas sean rojas como el carmesí, yo puedo volverlas blancas como la lana!"

Escriba acerca de esto
1. Relacionarse con otros
    - ¿Quién le ha hecho daño? (Vaya tan lejos en su pasado como pueda.) ¿Cómo específicamente fue que le hicieron daño?

    - ¿Contra quién está guardando rencor o buscando venganza?

    - ¿De quién está celoso? (en el pasado o en el presente.) ¿Por qué?

    - ¿A quiénes ha lastimado? ¿Cómo los ha lastimado?

    - ¿A quién ha criticado o de quién ha chismeado? ¿Por qué?

- ¿De qué manera ha intentado culpar a alguien más? (Sea específico.)

- ¿Qué nuevas amistades sanas ha adquirido desde que ha estado en recuperación?

2. Prioridades en la Vida

    - ¿Qué áreas de su vida ha sido capaz de entregar a su Poder Superior, Jesucristo?

    - Luego de vivir el principio 3, ¿en qué áreas de su vida no está poniendo a Dios primero? ¿Por qué?

- En su pasado, ¿qué le está deteniendo a buscar y seguir la voluntad de Dios para su vida?

- Enumere la siguiente lista en orden de acuerdo a sus prioridades personales.
  _____carrera
  _____familia
  _____iglesia
  _____Cristo
  _____amigos
  _____dinero
  _____ministerio

- ¿Cuáles son sus metas personales para los próximos noventa días? (Sea sincero.)

3. Actitud

    - ¿En qué áreas de su vida está agradecido?

- En el pasado, ¿por cuáles cosas ha sido desagradecido?

- ¿Qué le hace perder el temperamento?

- ¿Con quién ha sido sarcástico en el pasado? (Dé ejemplos.)

- ¿Sobre qué aspecto de su pasado todavía está preocupado?

- ¿Cómo ha mejorado su actitud desde que ha estado en recuperación?

4. Integridad

    - En el pasado, ¿Cómo ha exagerado para verse bien ante otros? (Dé ejemplos.)

    - ¿Está de acuerdo su andar como cristiano con su hablar? ¿Es su comportamiento el mismo en las reuniones de recuperación, la iglesia, casa y trabajo?

- ¿En qué áreas de su pasado ha usado falsa humildad para impresionar a alguien?

- ¿Han sido deshonestos algunos de sus negocios del pasado? ¿Alguna vez ha robado?

- Haga una lista de las maneras en que ha sido capaz de salir de su negación (pensamientos deshonestos /desorientados) hacia la verdad de Dios.

Lección 11

Inventario espiritual parte 2

Principio 4: Una apertura para un autoexamen y confesión de mis faltas a Dios y a alguien en quien confío.

*"Dichosos los de corazón limpio, porque ellos verán a Dios."
(Mateo 5:8)*

Paso 4: Hacemos un minucioso y audaz inventario moral de nosotros mismos.

"Hagamos un examen de conciencia y volvamos al camino del Señor." (Lamentaciones 3:40)

Piense acerca de esto

"Examíname, oh Dios, y sondea mi corazón; ponme a prueba y sondea mis pensamientos. Fíjate si voy por mal camino, y guíame por el camino eterno." (Salmos 139:23–24)

Lo siguiente muestra la segunda parte de la lista de nuestros defectos (pecados) que pueden evitar que Dios obre efectivamente en nuestras vidas. ¡Leerla y escudriñar su corazón le ayudará a comenzar su inventario!

Su mente

"No se amolden al mundo actual, sino sean transformados mediante la renovación de su mente. Así podrán comprobar cuál es la voluntad de Dios, buena, agradable y perfecta." (Romanos 12:2)

- ¿Cómo ha guardado su mente en el pasado? ¿Negación?
- ¿Ha llenado su mente con películas, programas de televisión, sitios de internet, revistas, libros perjudiciales y nocivos?
- ¿Ha fallado al concentrarse en las verdades positivas de la Biblia?

Su cuerpo

"¿No saben que el cuerpo del cristiano es templo del Espíritu Santo que Dios le dio, y que el Espíritu Santo lo habita? El cuerpo no es nuestro, porque Dios nos compró a gran precio. Dediquemos íntegramente el cuerpo y el espíritu a glorificar a Dios, porque a Él pertenecen." (1 Corintios 6:19–20 LBAD)

- ¿En qué forma en el pasado ha maltratado su cuerpo?
- ¿Ha abusado del alcohol y otras drogas? ¿Comida? ¿Sexo?
- ¿Qué actividades o hábitos pasados le causaron daño a su salud física?

Su familia

"Pero si les parece mal servir a Jehová, escojan hoy a quien van a servir... Pero yo y los de mi casa serviremos al Jehová."
(Josué 24:15 LBAD)

- En el pasado, ¿ha maltratado a alguien en su familia?
- ¿Contra cuál de sus familiares tiene resentimiento?

- ¿A quién le debe disculpas?
- ¿Cuál es el secreto de la familia que usted ha estado negando?

Su iglesia

"No descuidemos, como algunos, el deber que tenemos de asistir a la iglesia y cooperar con ella. Animémonos y exhortémonos unos a otros, especialmente ahora que vemos que el día del regreso del Señor se acerca." (Hebreos 10:25 LBAD)

- ¿Ha sido fiel a su iglesia en el pasado?
- ¿Ha criticado en lugar de ser un miembro activo?
- En el pasado, ¿ha desanimado el apoyo de su familia a la iglesia?

Al seguir su inventario, comprométase a aprender de memoria el salmo 139:23–24 y úselo como una oración:

"Examíname, oh Dios, y sondea mi corazón; ponme a prueba y sondea mis pensamientos. Fíjate si voy por mal camino, y guíame por el camino eterno."

Escriba acerca de esto
1. Su Mente

- Desde que aceptó a Cristo como su Poder Superior, ¿cómo ha transformado Dios su mente (Romanos 12:2)? ¿Qué patrones del mundo ha abandonado?

- ¿Cómo ha utilizado la negación para intentar guardar su mente?

- ¿Ha llenado, o está llenando su mente con películas, programas de televisión, sitios de internet, revistas o libros nocivos y perjudiciales?

- ¿Ha fallado al concentrarse en las verdades positivas de la Biblia? (Sea específico.)

2. Su cuerpo

- ¿Qué actividades o hábitos pasados le causaron daño a su salud física?

- ¿De qué manera ha maltratado su cuerpo?

- Si ha abusado del alcohol, drogas, comida, o sexo, ¿cómo afectaron su cuerpo negativamente?

- ¿Qué ha hecho para restaurar el templo de Dios?

3. Su Familia

- ¿Ha maltratado a alguien en su familia en forma verbal, emocional o física?

- ¿Contra quién en su familia guarda rencor? ¿Por qué?

- ¿Puede pensar en alguien a quien le deba disculpas? ¿Por qué? (¡No se preocupe por arreglar la situación en este momento! Eso será en el Principio 6.)

- ¿Cuál es el "secreto de la familia" que ha estado negando?

- ¿Cómo han mejorado sus amistades desde que ha estado en recuperación? (Sea específico.)

4. Su iglesia

    - ¿Cómo enumeraría su antigua participación en su iglesia?
      _____ Muy involucrado
      _____ Miembro semi activo
      _____ Miembro regular
      _____ Asistente
      _____ Asistente solo en ocasiones especiales
      _____ Nunca asistió
    - ¿Antes de su recuperación, cuál era la razón más importante para asistir a la iglesia?

    - ¿Ha intentado alguna vez desanimar a algún miembro de su familia de involucrarse en la iglesia? ¿Cómo? ¿Por qué?

    - ¿Cómo ha crecido su compromiso con su iglesia desde que comenzó su recuperación? (Dé ejemplos.)

Epílogo

Al completar todas las cinco lecciones como mejor pudo, la palabra que más se merece es ¡FELICIDADES! Ahora está listo para avanzar a la próxima parte del Principio 4: Confesar sus faltas a Dios, a usted mismo y a otra persona en quien confía. Dar este paso lo llevará a la libertad de su pasado. No solamente encontrará libertad al compartir los secretos de su pasado con otra persona, sino que también recibirá la "perfecta libertad" del completo perdón de Dios para todos sus defectos y pecados del pasado. ¡Esas son las Buenas Nuevas!

Nos agradaría recibir noticias suyas.
Por favor, envíe sus comentarios sobre este libro
a la dirección que aparece a continuación.
Muchas gracias.

Vida@zondervan.com
www.editorialvida.com